AF311916

Mgr PERRAUD

ÉVÊQUE D'AUTUN, CHALON ET MACON

MEMBRE DE L'ACADÉMIE FRANÇAISE

SAINT ÉMILAND

DISCOURS

PRONONCÉ DANS LA PAROISSE DE CE NOM,

A L'OCCASION D'UNE TRANSLATION SOLENNELLE DES RELIQUES

DU SAINT, LE SAMEDI 25 JUIN 1887.

AUTUN

DEJUSSIEU PÈRE ET FILS, IMPRIMEURS DE L'ÉVÊCHÉ

RÉCENTES PUBLICATIONS

DE

Mgr L'ÉVÊQUE D'AUTUN

Oraison funèbre de Son Em. le cardinal Guibert, archevêque de Paris, grand in-8° raisin...... 1 fr. 50

La même, édition populaire in-32......... 0 fr. 25

La Reconnaissance, discours prononcé à Ostende, le 18 août 1886, in-8° .... 1 fr. »»

Jeanne d'Arc, message de Dieu, discours prononcé à Orléans, le 8 mai 1887.................. 1 fr. »»

ŒUVRES PASTORALES ET ORATOIRES

De Mgr PERRAUD, évêque d'Autun, membre de l'Académie française.

Les tomes I, II, III et IV sont en vente.

Prix du volume..... 7 fr.

EN VENTE :

Chez M. OUDIN, éditeur, 17, rue Bonaparte, Paris; et chez MM. DEJUSSIEU, imprimeurs-libraires à Autun.

SAINT ÉMILAND

> *Majorem hac dilectionem nemo habet, ut animam suam ponat quis pro amicis suis.*
>
> On ne peut donner à ceux qu'on aime un plus grand témoignage d'affection que de se sacrifier pour eux.
>
> (Ev. de saint Jean, xv, 13.)

MES BIEN CHERS FRÈRES,

L'éloge du saint évêque dont la fête nous rassemble aujourd'hui en si grand nombre est déjà fait.

Il est fait par ces décorations splendides dues au zèle et au pieux empressement avec lesquels les habitants de Saint-Émiland ont voulu seconder l'initiative prise par leur vaillant curé pour assurer cette année un éclat extraordinaire à la fête traditionnelle du saint.

Il est fait par l'affluence de tant de pèlerins accourus ici autour des reliques vénérées, afin de visiter les lieux illustrés par la mort héroïque du pontife et de se recommander à son intercession.

Il est fait par ces chants liturgiques si bien adaptés au caractère chevaleresque de cette fête et rendus avec tant de précision, d'ensemble et d'élan par un chœur de voix sacerdotales.

Il est fait enfin par ces détonations retentissantes qui portent au loin, et jusqu'aux extrémités de ce vaste plateau, les échos d'une solennité où l'idée patriotique est étroitement unie aux plus hautes pensées de la religion.

En présence de toutes ces manifestations, j'aurais pu garder le silence et ne rien ajouter au discours très expressif prononcé par les choses elles-mêmes en l'honneur du héros de cette fête.

Cependant, je n'ai voulu ni me dérober à votre filiale et respectueuse attente, ni me dégager de la promesse par laquelle je m'étais lié lorsque votre pasteur était venu me demander de présider au milieu de vous l'inauguration d'une nouvelle châsse plus digne de renfermer les restes du saint évêque. Cette belle pièce d'orfèvrerie portera, je l'espère, aux siècles futurs le témoignage de votre foi et du prix que vous attachez au culte de saint Émiland. Vos aïeux vous en ont transmis le dépôt sacré. Vous aurez à cœur de le léguer à ceux qui viendront après vous, non seulement sans déchet, mais avec un accroissement de ferveur et d'éclat.

J'essaierai d'y contribuer pour ma part en vous parlant aujourd'hui de saint Émiland. Je résumerai d'abord brièvement son histoire. J'appellerai votre attention sur l'éminent service rendu par lui à la civilisation chrétienne. Je m'efforcerai enfin de vous montrer comment, malgré la différence des temps, des circonstances, des situations, l'exemple du saint évêque, le souvenir de son héroïsme, la juste appréciation des motifs auxquels il a obéi dans l'acte de dévouement qui lui a coûté la vie, renferment pour nous, chrétiens du dix-neuvième siècle, des leçons très pratiques. Je demande à Dieu qu'elles soient le fruit spirituel de notre pèlerinage aux lieux à jamais illustrés par les exploits et par la mort du serviteur de Dieu.

I

Près de six siècles s'étaient écoulés depuis que le christianisme éclairait le monde de la bienfaisante lumière de sa doctrine lorsque, par une permission dont il ne nous appartient pas de scruter le mystère, la Providence laissa se dresser en face de lui un adversaire formidable.

Doué de toutes les ressources du génie, homme aux conceptions ardentes, maître consommé dans l'art de fasciner les imaginations des hommes de l'Orient et de leur inspirer un fanatisme capable de décupler l'action de leurs puissantes facultés, Mahomet se donne comme le prophète inspiré d'une nouvelle religion [1]. Quelques-unes des vérités fondamentales de l'ordre naturel y ont leur place à côté des conceptions les plus bizarres et des plus extravagantes rêveries. Au lieu d'être contenues et combattues comme dans la morale évangélique, les passions les plus vivaces du cœur de l'homme sont encouragées et consacrées. Elles deviennent les auxiliaires les plus actives de la propagande qui lancera bientôt sur l'Asie, l'Afrique et l'Europe, des légions armées du glaive et exerçant par la terreur et par la mort leur redoutable apostolat. Au commencement du huitième siècle, la péninsule espagnole est envahie[2]. Les Sarrasins vainqueurs remontent vers les Pyrénées, les franchissent et pénètrent dans

---

1. Né à la Mecque (Arabie), en 569, mort à Médine en 632.

2. En 710.

l'empire des Francs. La Bourgogne subit leurs ravages. Des bords de la Saône jusqu'à nos vieilles forêts éduennes, toute la contrée est en proie à leurs dévastations. Autun est assiégé. Si la cité qui s'intitule encore à bon droit « la sœur et l'émule de Rome » vient à succomber, les Sarrasins, maîtres du cours de la Loire, de la Seine, du Rhône, promèneront bientôt en triomphe dans toute l'ancienne Gaule l'étendard de Mahomet.

En ce temps, nous disent nos chroniques ecclésiastiques, l'Église de Nantes en Bretagne avait à sa tête un très saint évêque, issu d'une race illustre, versé dans la connaissance des lettres, d'un aspect imposant, puissant par l'éloquence, mais encore plus recommandable par sa piété et par sa charité. [1]

Émilien ou Émiland, tel était le nom du pontife breton.

Il apprend le danger auquel sont exposés les habitants d'Autun et du pays Éduen. Il convoque autour de lui les plus vaillants de son peuple,

---

1. Tunc autem temporis, Ecclesiæ Nannetensi præerat sanctissimus antistes Æmilianus, seu Æmilandus, illustri genere in Britannia natus, studiis excultus litterarum, aspectu et eloquio decorus, pietate autem et charitate nobilior. (Brev. Rom. in proprio diœc. Aug.)

et à ces hommes solides comme le granit de leur terre armoricaine, il tient un langage digne d'eux et de leur intrépide courage. A l'appel de leur évêque, les Bretons répondent : « Sei- » gneur vénéré et bon pasteur, ordonnez, com- » mandez, et partout où vous irez, nous vous » suivrons. » [1]

Ils partent, ayant, disent les vieilles annales, « l'espérance pour flambeau, les sacrements pour » nourriture, leur évêque pour chef. »

Ils franchissent à marches forcées la distance qui sépare la Bretagne de la Bourgogne et ils arrivent à Autun, où leur présence relève tous les cœurs. Bientôt trois batailles successivement livrées à Saint-Forgeot, à Saint-Pierre-l'Etrier, à la Creuse d'Auxy, deviennent autant de vic- toires pour l'armée des Bretons. Ils poursuivent jusque sur votre plateau les Sarrasins en dé- route. Leur mission libératrice touchait à son terme lorsque de nouvelles hordes ennemies, parties de Chalon, viennent les assaillir. Le nombre les accable. Jusqu'au bout, Émiland

---

1. Domine venerande, et bone pastor, jube, impera et quocumque ieris, te sequemur. (*Bollandistes,* juin, t. V.) — Voir la *Notice consacrée à l'histoire et au culte de saint Emiland,* par M. l'abbé Cahour, aumônier au lycée de Nantes, p. 11 et suiv. (Nantes, 1859.)

soutient le courage des siens par des paroles de
feu. « Souvenez-vous, enfants, que vous êtes
» les soldats de Dieu et que vous combattez
» pour votre véritable mère la sainte Église...
» Là-haut, avec le Christ, un meilleur sort nous
» attend ; là est notre victoire ; là est notre
» récompense. » Près du site agreste où tout à
l'heure nous irons prier ensemble, se fait un
horrible carnage de chrétiens. Le vénérable pontife est immolé au milieu de ses fils, mais, en
tombant, il a pu redire d'un cœur paisible et
consolé la parole du Sauveur : « On ne saurait
» donner à ceux qu'on aime un plus grand
» témoignage d'affection que de se sacrifier pour
» eux. » *Majorem hac dilectionem nemo habet ut
animam suam ponat quis pro amicis suis.*

II

Je viens de résumer à grands traits l'épisode
historique dans lequel se trouvent encadrés les
souvenirs traditionnels relatifs à la vie et à la
mort de saint Émiland.

Il importe surtout à sa gloire que ses pané-
gyristes mettent en relief les services rendus par
le pontife breton à la cause de la civilisation

chrétienne et s'efforcent de faire bien comprendre à quels mobiles il a pu obéir quand il s'est dévoué à la mission extraordinaire de devenir chef d'armée.

Laissez-moi d'abord vous rappeler, mes chers Frères, comment une seule et même action peut s'inspirer de plusieurs pensées et réunir les mérites propres à chacune d'elles. Ainsi, sous vos yeux, un de vos semblables disparaît dans un abîme où il va être englouti. Vous vous précipitez à son secours pour l'arracher à la mort. Il y a d'abord dans cet acte de dévouement un mouvement de compassion humaine et naturelle. La seule pensée de sauver un homme qui va périr a déjà une grande valeur. Mais peut-être avez-vous su que cet homme était un père de famille et que sa vie était nécessaire à d'autres êtres. Vous avez eu compassion tout à la fois d'eux et de lui. Sans changer de substance, votre acte s'est enrichi d'un nouveau mérite en procédant d'une pitié plus étendue. Enfin, au moment où vous vous êtes décidé à risquer votre vie pour sauver celle d'un homme semblable à vous, d'un père dont la mort eût fait le deuil et la misère d'une veuve et de pauvres orphelins, vous avez pu avoir une pensée encore plus haute. Vous vous êtes dit : Il y a là une âme en péril, et si j'arrache cet homme à la mort, je vais faire une conquête pour Jésus-Christ et pour le ciel. Cette troisième intention qui ne supprime aucune des deux premières, leur surajoute une dignité et une valeur infinies comme la grâce et la charité surnaturelle d'où elle procède.

Appliquons ces réflexions à l'histoire de saint Émiland. Nous allons retrouver ces divers mobiles, et leur hiérarchie, dans l'héroïque élan de cet évêque et de ses fidèles Bretons accourant depuis Nantes jusqu'ici pour venir au secours de notre pays.

Hommes, ils ont entendu dire que d'autres hommes étaient exposés aux coups de ravageurs impitoyables. Leurs cœurs ont été émus de pitié, ils se sont dit : Allons au secours de ces infortunés qui vont périr.

Un autre sentiment a pu se joindre au premier et rendre leur compassion plus vive en lui fournissant un nouvel aliment. Ces hommes qui là-bas, derrière les forêts éduennes, sont aux prises avec de redoutables ennemis, ne sont-ils pas deux fois nos frères ?

Il est vrai, nous ne les avons jamais vus, et avec eux nous n'avons encore échangé aucune parole ; mais un lien puissant nous unit à eux ; nous ne sommes pas des étrangers les uns pour les autres. Je le sais, à l'époque de saint Émiland, l'unité de la patrie française n'était pas encore faite [1] ; mais elle se préparait. Vercingétorix y avait travaillé quand il convoquait au sommet du mont Bibracte les délégués de toutes les tribus gauloises pour concerter avec eux un immense effort en faveur de l'indépendance nationale menacée par les victoires de César [2]. Bretons de la vieille Armorique et Bourguignons, établis sur les terres qu'arrosent la Loire et la Saône, se sentaient ou se pressentaient déjà les fils d'une même patrie !

Bien imprévoyant et bien coupable est l'égoïsme qui renferme l'homme dans le cercle étroit des intérêts locaux et ne lui inspire qu'indifférence pour tout ce qui ne confine pas immédiatement à son champ ou à sa maison ! *Dilatamini et vos* [3] ! L'amour de la patrie dilate les cœurs. Il les fait battre à l'unisson devant les glorieux souvenirs du passé, et leur rend communes tout à la fois les épreuves de l'heure présente et les espérances de l'avenir. Ces nobles sentiments ont traversé comme une étincelle

1. La réunion officielle et administrative de la Bretagne à la France a eu lieu en 1532, sous François Ier.
2. Totius Galliæ concilium Bibracte indicitur. (Comm. Cæs. L. VII, c. 63.)
3. II. Cor. vi, 13.

électrique l'âme de l'évêque de Nantes et ils
lui ont inspiré le dévouement héroïque dont nous
gardons ici, au cœur même de la France, la mémoire immortelle.

Mais une pensée venue de plus haut encore
complète le mérite de sa généreuse initiative et
justifie la reconnaissance des siècles qui ont placé
sur sa tête l'auréole des saints. Emiland n'a pas
seulement obéi à une inspiration de compassion
humaine et patriotique. Précurseur des Godefroy
de Bouillon et des saint Louis, il a été le cham-
pion et le martyr de la civilisation chrétienne
menacée de disparaître sous les flots de l'invasion musulmane.

Le Christ ou Mahomet! La religion qui a
conquis le monde par la pureté, la charité et
la puissance du sacrifice, ou la religion brutale
et sensuelle qui emploie, pour convertir les peu-
ples, la violence et la volupté : voilà le dilemme
posé dès le huitième siècle à une partie de l'Europe par les incursions des Sarrasins.

Déjà l'Espagne a succombé, et pendant six
cents ans elle portera le joug de la domination
musulmane. La France est menacée du même
sort. Si elle demeure chrétienne, la Providence
lui tient en réserve la gloire du règne de Char-
lemagne et les splendeurs du treizième siècle
groupées autour du trône de saint Louis. Mais

sera-t-elle assez forte pour se défendre contre ces fils de l'Orient [1] dont les innombrables légions, poussées en avant par le fanatisme religieux et par l'instinct de la conquête, ont juré d'humilier la croix du Golgotha devant le croissant de la Mecque?

Emiland a compris l'exceptionnelle gravité de ce problème et, nouveau Machabée, comme l'appelle à si juste titre la légende liturgique, c'est au nom de la foi chrétienne insultée et proscrite, des églises en ruines, des plus saints mystères profanés, qu'il fait appel au généreux courage de ses Bretons.

« Revêtez-vous de vos armures et apprêtez-
» vous à lutter contre ces nations qui se sont
» coalisées afin de nous perdre et de détruire
» notre religion, car il vaut mieux mourir en
» combattant que d'assister à la ruine de notre
» peuple et de notre sainte foi. » *Accingimini et estole filii potentes, ut pugnetis adversus nationes has, quæ convenerunt adversus nos, disperdere nos et sancta nostra; quoniam melius est nos mori in bello quam videre mala gentis nostræ et sanctorum!* [2]

Judas Machabée ajoutait, et le saint évêque

1. C'est le sens du nom de Sarrasin.
2. I Mach. iii, 58-59.

a pu ajouter avec lui, « Toutefois, que la volonté
d'en haut soit accomplie. » *Sicut autem fuerit
voluntas in cœlo, sic fiat!* [1]

Je m'arrête un instant, mes Frères, à ces der-
nières paroles. Elles nous rappelleront une des
lois fondamentales de la vie chrétienne. Il y a
quelques semaines, j'avais occasion de la médi-
.ter en face du bûcher de Jeanne d'Arc. Or,
tout à l'heure, quand je suis arrivé parmi vous ;
quand j'ai vu les touchants préparatifs faits par
votre piété pour célébrer dignement la mémoire
du glorieux Pontife, je me suis senti comme
malgré moi ramené à l'histoire de notre libératrice du quinzième siècle, à ses triomphes d'Orléans et de Reims et à la terrible catastrophe qui
mit fin à sa carrière.

Qui de nous, raisonnant avec les idées, les
goûts, les instincts innés de la nature humaine,
n'eût souhaité pour l'évêque breton et pour
la pucelle de Domrémy, une suite non inter-
rompue de victoires et de succès ! Pourquoi Jeanne
n'a-t-elle pas assisté elle-même à l'expulsion
définitive des Anglais qu'elle avait si nettement
prophétisée? Pourquoi, entourée de tous les
honneurs décernés à sa vaillance par la recon-

1. Ib. ib. 60.

naissance nationale, n'a-t-elle pas joui paisiblement jusqu'à un âge avancé du fruit de ses labeurs et de ses combats?

De même, on aimerait à se représenter saint Emiland trois fois vainqueur des Sarrasins sous les murs et les environs d'Autun, dispersant les débris de leurs armées et reprenant en vainqueur la route de la Bretagne pour aller chanter solennellement dans sa cathédrale de Nantes le *Te Deum* de la délivrance.

Les Apôtres, eux aussi, eussent aimé un Messie qui eût éclipsé la gloire de Salomon et se fût imposé au monde par l'éclat et la puissance d'un règne temporel; et quand le Maître leur révéla comment il achèverait sa carrière terrestre par les humiliations et les souffrances indicibles de sa Passion, ils se refusèrent d'abord à comprendre. Puis, quand ils eurent compris, ils élevèrent contre cette perspective si dure une formidable protestation. [1]

Voilà bien les pensées des hommes! à l'encontre desquelles Dieu a ses pensées et ses voies, inaccessibles à nos jugements. [2]

Mais les saints reçoivent la grâce de comprendre et d'accepter, malgré leur apparente dureté,

1. Matth. xx, 17-19; xvi, 21-23. — Luc, xviii, 34.
2. Is. lv, 8.

les décrets de la sagesse divine. Comme Judas Machabée ou comme Émiland, après avoir tout préparé et tout fait pour remporter la victoire, ils s'inclinent d'avance, à l'exemple de Jésus priant à Gethsémani, devant la volonté souveraine du Père céleste. *Sicut autem fuerit voluntas in cœlo, sic fiat !*

Après tout, obéir à Dieu et faire 'son œuvre par le sacrifice est encore plus grand, plus désintéressé, plus méritoire que de recevoir dès la vie présente la gloire de ses services et la récompense de son dévouement. Cette marque suréminente de la vertu chrétienne et de la parfaite imitation de Jésus-Christ n'a pas fait défaut à notre illustre pontife. Il a péri dans la mêlée avant de pouvoir apprendre le total écrasement des Sarrasins par Charles Martel dans les champs de Poitiers [1]. Mais qui ne voit comment de telles victimes appellent les bénédictions de Dieu sur un pays? Oh ! que le Seigneur augmente parmi nous le nombre de ceux qui, avec la grâce et pour l'amour de Jésus-Christ, donneront à leurs frères le témoignage suprême du dévouement en allant volontiers au-devant des plus douloureuses immolations. *Majorem hac dilectionem nemo habet ut animam suam ponat quis pro amicis suis.*

1. En 732.

III

Jusqu'ici, mes chers Frères, vous avez pu vous demander en quoi et comment cette légende héroïque renfermait pour les chrétiens de notre temps des leçons pratiques et d'utiles enseignements.

Je vais essayer de répondre à ce très légitime désir de vos esprits et de vos cœurs.

Nous venons de le voir, l'histoire en main. L'invasion des Sarrasins constituait pour notre pays un danger de premier ordre. La France pouvait succomber et perdre dans ce sanglant conflit le trésor de sa foi.

Passer de l'Évangile au Koran ! Quelle chute ! De florissantes chrétientés en Asie mineure ont connu cette honte et ce désastre. Antioche, Ephèse, Milet, tant d'autres villes, illustrées par les martyrs et par les docteurs de nos premiers siècles, sont devenues depuis longtemps la conquête des sectateurs de Mahomet, et les disciples de Jésus-Christ n'y forment plus que des minorités imperceptibles, au milieu des souvenirs et des ruines du passé.

Telle pouvait être, dès l'époque de saint Émiland, la triste destinée de notre pays. Honneur et reconnaissance à ceux qui ont combattu jusqu'à la mort pour nous préserver de ce malheur. Grâce à leur courage, le dépôt sacré de la doctrine et des institutions chrétiennes est arrivé jusqu'à nous. A notre tour de travailler et de lutter, afin de le transmettre dans son intégrité à ceux qui nous succéderont.

Toutefois, mes bien chers Frères, il importe de le remarquer. Si la religion créée par les impostures de Mahomet est pleine d'erreurs, le prétendu prophète y a maintenu avec une fermeté inébranlable le dogme de l'existence et de l'unité de Dieu. De plus, il a su inculquer à ses sectateurs l'estime et le respect du devoir de la prière. Non seulement le musulman croit à un Être suprême, à la survivance de l'âme, aux sanctions de la vie future; mais il se conforme exactement aux préceptes de sa loi qui lui imposent l'obligation de prier. Cette plaie hideuse du respect humain qui, parmi nous, fait tant de ravages; cette pusillanimité malsaine qui s'interpose souvent entre les prescriptions de la conscience et les actes extérieurs, pour empêcher ceux-ci de traduire courageusement les convictions intimes de l'âme : tout cela est inconnu chez eux, et quand ils nous jettent à la face l'appellation insultante de « chiens de chrétiens », c'est souvent de leur part l'expression du mépris où ils tiennent l'homme qui ne s'acquitte pas de ses devoirs envers Dieu et une façon énergique de proclamer que quiconque ne prie pas se ravale lui-même au rang des animaux.

Que conclure de ces réflexions, mes bien chers Frères? Vous avez déjà, je pense, saisi la portée de mon raisonnement. La victoire du mahométisme sur le christianisme eût été pour la France du huitième siècle un épouvantable malheur. Que serait pour la France du dix-neuvième le triomphe de doctrines d'où se trouvent systématiquement bannies les croyances traditionnelles de l'humanité à l'existence de Dieu, à la spiritualité et à l'immortalité de l'âme, à la sanction ultérieure de la loi morale par des récompenses ou des peines proportionnées au mérite ou au démérite de nos actions?

Or, vous ne l'ignorez pas, c'est là le grand péril de l'heure présente. Oui, plus redoutables cent fois que les légions des Sarrasins et que leur impitoyable fanatisme, les négations radicales s'avancent aujourd'hui parmi nous à la conquête des âmes, des lois, des institutions. Elles ont la prétention de façonner un peuple étranger à l'idée de Dieu et à toute espérance religieuse. Couvertes du masque d'une neutralité menteuse, elles s'installent audacieusement dans la société contemporaine sous prétexte de liberté et de progrès, et préparent à notre pays des générations pour qui la religion naturelle elle-même, c'est-à-dire une religion sans mystères et sans culte, sera traitée comme une superstition barbare, incompatible avec les exigences scientifiques de l'esprit moderne.

Telle est, je le répète, l'invasion formidable contre laquelle vos évêques ont le devoir de vous prémunir en vous redisant les paroles des Machabées, des Emiland et de tous ceux qui, dans le cours des siècles, ont combattu et ont souffert pour empêcher l'erreur de prévaloir contre la vérité. Mais ici, vous le comprenez, le plus élémentaire et le plus essentiel de vos devoirs, c'est de ne pas favoriser, par une coupable connivence, la diffusion des doctrines perverses qui s'attaquent à Dieu, nient la religion, insultent à notre foi et laissent bien loin derrière elles, dans leur âpreté sectaire, le fanatisme antichrétien des disciples de Mahomet.

Une guerre s'engage entre deux nations ; le territoire de l'une d'elles est envahi par l'armée ennemie. Un misérable s'offre à la conduire par des sentiers détournés jusqu'au cœur du pays. Sans lui, la résistance était possible. Mais sa trahison rend inutiles les plans concertés pour la défense et, pendant des siècles peut-être, sa malheureuse patrie subira les conséquences de son criminel forfait.

Que dire, mes chers Frères, de l'incroyable légèreté et de l'incurie avec lesquelles nous favorisons la diffusion de ces feuilles imprimées qui s'en vont chaque jour, par millions, s'attaquer aux croyances tutélaires d'une nation chrétienne et leur substituer les désespérantes doctrines du matérialisme athée ?

Pouvez-vous être surpris si, en face d'un pareil danger, nous répétons devant vous le cri d'alarme et si nous vous adjurons de veiller sur vos enfants, sur vos foyers, sur vos lectures, et de ne pas tracer le chemin vous-mêmes à vos plus cruels ennemis en les aidant à nous envahir et à nous opprimer ? *Vigilate et orate.* [1]

Votre affluence en ces lieux nous prouve, mes bien chers Frères, combien vous avez à cœur d'exprimer votre gratitude au Pontife qui a si généreusement fait le sacrifice de sa vie

---

1. Le livre de Judith nous rappelle comment, aux approches de l'armée d'Holopherne, les habitants de la Judée reçurent du grand prêtre Eliachim l'ordre de fermer avec soin les issues de tous les sentiers des montagnes qui pouvaient permettre à l'ennemi d'arriver jusqu'à Jérusalem, la ville sainte. *Sacerdos Eliachim scripsit ad universos... ut obtinerent ascensus montium per quos via poterat esse ad Jerusalem.* (Judith, IV, 5, 6.)

pour porter secours à vos ancêtres. Vous avez raison ; et je vous félicite de si bien comprendre le devoir de la reconnaissance et de vous en acquitter avec tant d'empressement. Combien ce noble sentiment grandirait encore dans vos cœurs s'il vous était possible d'entendre saint Émiland lui-même vous adresser la parole ! Supposons un instant que ces ossements desséchés soient revenus à la vie et que l'âme du pontife, rentrant dans cette poussière inanimée, devînt, par la permission de Dieu, capable de se mettre en communication avec ce nombreux auditoire. Que vous dirait en ce moment le pieux et vaillant évêque : « O mes fils, voyez les blessures
» sous lesquelles j'ai succombé en me portant
» à la défense de votre territoire envahi ! Je me
» suis dévoué pour vous jusqu'à la mort : et vous
» ai donné par là le plus grand témoignage de
» la charité. Ne l'oubliez jamais ! Soyez dociles
» à mes conseils ! Honorez et servez le Dieu
» pour l'amour de qui je me suis ainsi volon-
» tairement sacrifié. »

J'en suis assuré ; à saint Émiland se dressant debout en face de cette assemblée pour vous tenir ce langage, tous, d'un cœur et d'une voix, par un élan spontané, vous répondriez : « Père
» et pasteur de nos âmes, comptez sur notre
» fidélité : nous le jurons. »

Or, mes chers Frères, il y a ici quelqu'un qui a plus de droits encore que saint Émiland à vous rappeler ce qu'il a fait et ce qu'il a souffert afin de vous arracher non aux étreintes d'un ennemi terrestre, mais au lion cruel et dévorant, toujours acharné à la perte des âmes [1]. Le saint sacrifice va se poursuivre et, dans quelques instants, Jésus-Christ, appelé par la voix du prêtre, descendra sur cet autel. Ah ! je vous en conjure, au moment solennel de la consécration, et quand vos fronts se courberont dans la poussière, écoutez Jésus vous répéter les paroles qu'il adressa un jour à l'apôtre saint Thomas [2] : « Chrétiens, voyez les plaies de mes pieds et de » mes mains ; touchez la plaie de mon cœur. » Voyez combien elle est profonde. Tout cela, » c'est pour vous que je l'ai souffert. C'est vous » que j'avais en vue quand je disais à mes » apôtres qu'on ne peut mieux témoigner son » affection qu'en donnant sa vie à ceux que l'on » aime. Croyez-donc à ma parole ; n'endurcissez » pas vos cœurs contre ma grâce ; faites bon » usage de ces sacrements où j'ai renfermé le

1. Diabolus, tanquam leo rugiens, circuit quærens quem devoret. (I Petr. v. 8.)

2. Infer digitum tuum huc et vide manus meas et affer manum tuam et mitte in latus meum. (Joann. xx, 27.)

» prix et l'efficacité du sang répandu pour
» l'amour de vous dans ma très douloureuse
» passion. »

Tous aussi, n'est-ce pas, à cette pathétique adjuration de votre Sauveur, vous répondrez : « Oui, Seigneur, nous voulons vous obéir, vous » servir, vous aimer : nous le jurons! »

Faites ce serment, mes Frères, et gardez-le avec une inviolable fidélité : saint Émiland sera content.

Autun. — Dejussieu, Imp. de l'Évêché